75 Têtes

pour un E-déal

« Les Savoirs numériques pour l'enfant
de 6 à 10 ans»

Livre 1 Théorie Niveau 1

Une expérience vraie....

Catherine Adida-Rosenberg

À mes petits « Tigres du Web »...

Livre 2 Théorie Niveau 2

(En cours)

L'auteur, Catherine ADIDA-ROSENBERG est née le 21 mars 1967 à Montpellier. Issue d'une culture mixte, elle est provençale et israélienne. Elle étudie à Vienne, ville d'archéologie et du jazz, puis entre au Conservatoire national, réalisant ses classes sous la direction de Marie-Annick Chamarande et Simone Chemin.Elle obtient un diplôme national d'excellence à l'unanimité.

A 7 ans , elle est sur scène, mais vit pourtant au cœur de la nature. Rebelle, entière, elle ne cesse d'explorer l'art, la matière, l'image, et l'écrit. Elle conçoit alors, avec des artistes, différents projets et devient parolière.

Dans le même temps, elle devient développeur Web et développeur d'applications informatiques, elle enseigne, se spécialise en pédagogie active, poursuit une formation en master en management ainsi qu'un DUE entreprenariat.

« 75 têtes pour un E-déal », est né en Israël, lors d'un voyage où elle voit son enfant âgée de 3 ans étudier l'apprentissage de la lecture sur un ordinateur. La mise en œuvre de cette expérience a été réalisée à Paris en 2013.

© 2014 Catherine Adida-Rosenberg
Edition : BoD - Books on Demand
12/14 rond-point des Champs Elysées
75008 Paris
Imprimé par BoD – Books on Demand, Norderstedt, Allemagne
ISBN : 9782322037353
Dépôt légal : novembre 2014

C'était un jour comme les autres, un jour où l'on va pousser la porte de l'emploi pour les cadres, parce que l'on a une idée….mais aussi le jour où l'on va convaincre l'autre, d'un idéal.

Développeur d'applications & développeur web, pédagogue, je veux juste, à ce moment précis, lui dire que ce rêve est possible pour des milliers d'enfants qui n'ont aucun accès à internet et à la connaissance.

« Vous êtes une idéaliste.... »

La porte claque.

. . .

C'est certainement le compliment le plus formateur de mon parcours de femme.

La semaine suivante, je décide de prouver mon idéal dans les écoles, même si je peux passer un instant pour une extra-terrestre ! Je connais déjà le résultat et le potentiel de ce que je veux faire. Je sais que ça fonctionne.

La loi sur les ateliers périscolaires arrive à ce moment précis.

Et me voici face à 75 petites têtes, 150 mains sur un ordinateur, mois après mois, des enfants avec les yeux remplis de joie, et un défi à relever !

Il est possible d'enseigner le numérique et le web a des enfants de 6 ans.

J'en ai fait l'expérience. C'est une réussite.

J'ai réalisé pour vous le résumé du programme de ces petits apprentis ! Et le secret est d'utiliser une méthode active d'enseignement comme je l'ai réalisé.

L'autre secret de mes ateliers/cours, est de consacrer 15 minutes à la théorie racontée « comme une histoire, un conte, avec les images, avec leurs mots », de prendre un enfant comme personnage principal, devenant acteur, d'intégrer le jeu, le challenge entre les équipes et d'être sans cesse réactive.

On me dit souvent…Mais il faut du matériel, ohhh …on n'a pas d'argent !

Une classe de 18 élèves, c'est 6 ordinateurs, 6 groupes de 3 enfants formant une équipe, une agence web...

6 ordinateurs dans une école, un professeur à plein temps par école, ce n'est certainement pas trop ! C'est innover, c'est un nouveau métier.

Comment structurer la classe ?

Chacun détermine son thème, et chaque chef d'équipe joue un rôle de recrutement. Ils créent leur première entreprise, et le but est de jouer.

Structure de mon cours/atelier :

5 minutes de bilan sur les préoccupations des enfants / règles de sécurité

15 minutes de théorie

30 minutes de mise en application des nouveaux savoirs (méthode non intégrée dans ce cours)

5 minutes de jeu

5 minutes pour ranger et féliciter son équipe ! Et un nom : « les tigres du Web » pour mon équipe de vainqueurs !

Ce programme fonctionne et révèle à des enfants difficiles leur talent, ils se sont découverts parfois une âme de graphiste, ou encore expriment leur différence.

75 têtes pour un idéal réalisable!

Et des centaines d'emplois possibles…

Il suffit d'inventer !

Programme

pour Des vainqueurs!

La petite histoire d'internet

Internet est composé de milliers d'ordinateurs reliés entre eux, formant une toile d'araignée appelée réseaux, et que l'on nomme également « Web ». Il est constitué de milliards de pages. C'est le plus gros livre du monde.

Mais son histoire est récente.

Au début, on l'appelait « Arpanet ».

C'était pendant la guerre froide.

En 1945, on invente l'hypertexte, ces mots soulignés qui renvoient à d'autres mots.

En 1958, on a besoin d'un réseau.
En 1968, on crée la première interface….tu te souviens, l'interface, ce sont ces outils que personne ne voit, mais qui te permettent de commencer à créer ta page.

En 1971, c'est le premier courrier électronique….on commence à poster en ligne.

En 1975, ils décident que cette utilisation n'est pas seulement pour l'état, et c'est la date anniversaire du tout premier ordinateur, qui celui-ci, est pour le particulier : l'ordinateur personnel.

En 1978, on invente le réseau des réseaux, l'ancêtre de la toile !

En 1990, on invente le premier navigateur et son navire….le Web !

En 1992, on décide que l'on va gagner de l'argent avec ça ! C'est le début du commerce en ligne.

En 1993, il n'y a que 50 serveurs dans le monde…tu te souviens, les serveurs sont ces sortes de gros placards ou tu ranges tous les dossiers, et ils ressemblent à des ordinateurs.

Aujourd'hui, il y a 45 000 serveurs, et ça continue de s'étendre !!!
On a inventé le « Vrml » pour pouvoir se déplacer dans 3 dimensions et on invente aussi le déplacement en 4 dimensions. C'est ce que l'on utilise dans les publicités aujourd'hui.

Le www ou w3 n'est pas un réseau mais une forme de présentation, avec une famille de langues.

L'ensemble des ordinateurs utilisent toutes ces langues.

La base du web est l'hypermédia, ces mots soulignés qui renvient à d'autres mots, et qui ont été inventés en 1945.

Et toi, un jour, tu inventeras la suite de cette histoire. . . .Tout commence par les inventions.

<u>Je retiens :</u> Un site internet est un ensemble de pages, on ne les tourne pas, elles apparaissent. Chaque fois que je clique avec la souris, ou chaque fois que, sur ma tablette tactile, je touche un lien, je « navigue » pour aller sur une nouvelle page qui est reliée. Ainsi je tourne les pages du plus grand livre du monde !

L'ordinateur, C'est quoi ?

L'ordinateur, c'est comme une grande mémoire où tu stockes des informations.

Le processeur central, c'est son cerveau. Il exécute les ordres !!!!Et son rôle c'est de calculer !

Celui qui ordonne c'est d'abord toi, puis les logiciels !

Qui calcule, à ton avis ?

Attention, l'ordinateur ne réfléchit pas !
Il calcule....

Les informations sont rangées dans le stock et le stock, c'est là ou l'ont range tout ce qui peut servir, c'est le disque dur. C'est ce que l'on appelle un système.

Mais, attention, tout commence par la prise électrique...

L'ordinateur doit être branché à la prise électrique pour fonctionner où il doit encore être chargé.

Ensuite, il doit être connecté à ta box, la petite boite dont je t'expliquerai plus tard le fonctionnement pour que tu puisses aller sur internet…

Mais ceci nous allons le voir dans un autre carnet…En attendant, toi, ton rôle c'est de décider….

Et là, tu appuies sur le bouton « power ».

Et l'aventure commence. L'ordinateur est prêt pour faire ce que toi, tu vas lui ordonner.

<u>Je retiens</u> : L'ordinateur ne décide pas, il fait ce que je lui dis de faire ! Il calcule, il enregistre, il est comme un cerveau, avec une grande mémoire.

Le navigateur, la carte, et les trésors !

Lorsque je pars en voyage sur les océans, j'ai besoin d'un bateau, d'un capitaine, de navigateurs, et d'un navire et je transporte des valises…ou des coffres !

Jeu d'acteur :

Alors le capitaine du web, c'est toi !

Ton navire c'est ton ordinateur !

Ton navigateur c'est un logiciel, un programme que j'installe sur ton navire et qui me permet de faire démarrer le navire et d'embarquer pour des terres lointaines.

Les valises ou les coffres sont toutes les informations ou dossiers que j'ai mis dans le navire, dans l'ordinateur !

Tous les autres ordinateurs ont leurs valises et leurs trésors !

Mais j'ai aussi besoin d'une carte et d'un outil qui va me permettre de mettre le cap vers l'arrivée, et d'un moteur qui me fait avancer, qui tourne pour rechercher afin de trouver la bonne direction.

Ce moteur, on l'appellera le moteur de recherches, c'est facile à retenir, et le plus célèbre, c'est Google. Mais il existe de nombreux moteurs de recherches.

Ce moteur de recherche n'est pas un logiciel, c'est ce que l'on appelle « une application » quand on est un bon capitaine de navire !

Il permet de rechercher une information, un itinéraire, une image, une vidéo, un document, une page, comme un trésor !

Lorsque je tape un mot dans ce moteur de recherche, je l'appelle le « mot clé ».

Et le moteur va tourner, tourner avec ses bras qu'on appelle des « spiders », qui sont des robots, et ils vont brasser toutes les pages, sans que toi, « petit garçon ou petite fille» tu ne t'en occupes !

Et comme dans tous les livres…..c'est magique ! Il va trouver ce que tu recherches dans des grandes pièces secrètes, au bout du monde où il a tout enregistré et rangé !

Tout ce qui est mis dans cette pièce, on l'appelle « des bases de données ».Leurs placards on les appelle des serveurs, parce qu'ils sont à notre service !

Une base de données est un grand entrepôt ou l'on a mis des milliers d'informations, de feuilles, d'images, de vidéos et que l'on a classé comme tu ranges ton armoire à trésors!

Voilà, maintenant, tu es prêt pour trouver d'autres trésors, tu as ton navire, tes navigateurs, ton moteur, ta carte, tes trésors, tu peux partir à l'aventure sur l'océan, en faisant route du web !
Mais comment est cette route, comment ça fonctionne ?

Le prochain carnet te l'expliquera.

Je retiens : Je navigue sur le web grâce à un navigateur, et j'utilise un moteur de recherche en écrivant des mots, qui sont des mots clés. Ces clés m'ouvrent les

portes pour trouver de nouveaux trésors
et atteindre la direction voulue.

« Les pirates et leur crochet »

Avant de prendre la route, tu es obligé,
en bon capitaine de connaître tous les
endroits dangereux, et l'un des dangers,
ce sont les pirates !

Et oui, dans tous les livres d'histoire, il
y a des méchants !

Dans un livre, dans une histoire, tout ce qui est raconté n'est pas forcément vrai ! on peut inventer des mensonges. Alors sur le web, tout n'est pas vrai...alors tu dois faire attention aux menteurs, et vérifier dans les livres, si ce qui se raconte ici est vrai ou faux !

Dans les parcs d'attractions, il y a aussi des manèges sur lesquels tu ne peux pas monter, car ils sont dangereux et font peur ! Là aussi, il y a des endroits où tu ne peux pas aller, comme Facebook ! Est-ce que tu vas au supermarché tout seul ? ...Et bien non

! Alors tu ne peux pas acheter sur internet sans tes parents !

Est-ce que dans la rue tu parles à tout le monde et penses que tout le monde est ton ami ?

Et bien non ! Alors c'est pareil dans les rues du web !

Des personnes que tu ne connais pas, ou qui sont les amis de tes amis ne sont pas tes vrais amis avec qui tu joues à la maison ou à l'école !

Est-ce que tu peux copier à l'école sur tes camarades ? Et bien non ! Et sur internet c'est identique, chacun est propriétaire de ce qu'il crée ou réalise, et tu dois toujours les citer lorsque tu en parles.

Oui, comme dans tous les pays, le web est soumis à une loi et a es principes.

Les principes, c'est ce que l'on appelle la « netiquette », c'est savoir bien vivre sur ton bateau et avec les autres capitaines. Et le droit, ce sont les règles, ce que tu peux ou ne peux pas faire.

Et les pirates, ils oublient toutes ces règles, ils ont leur crochet, regardent avec un œil une seule chose : ton trésor !

Tu connais Zorro ?

Il porte un masque, c'est un justicier, mais c'est aussi un vrai monsieur dans 'histoire que ne soupçonne pas le méchant ! et bien là, c'est l'inverse !

Le méchant porte un masque de gentil. Avec son masque, tout le monde pense qu'il est gentil !mais sans son masque, il est très méchant !

Et il change souvent de masque de gentils !

Un jour il est une entreprise, le lendemain il est une banque, il peut même te faire croire qu'il est celui qui te fournit l'accès à internet !

Alors, il enfile son vêtement, et son vêtement c'est ce qu'on appelle « un logo », un dessin qui représente l'image de ce qu'il te dit qu'il est ! Le logo, c'est le nom de l'entreprise, sa couleur, et les mots qu'utilise cette entreprise.

Et pour te tromper, il a un seul moyen !le mail !

Qu'est-ce que c'est ?

C'est ta boite aux lettres où tu reçois ton courrier.

Au lieu de l'avoir en bas de chez toi,
dans l'entrée, elle est « en ligne ».

L'objectif du pirate : savoir tes secrets
et prendre ton trésor !

En général, il te dit « remplis ce papier
et dis-moi tout de toi! Et il
rajoute.... :

je veux savoir...ton nom, ton prénom,
ton adresse ». Mais tout ceci n'est pas
pour la mairie !

Il veut en fait prendre ton identité...Et
si tu lui donnes ces renseignements, il

prend ton trésor et se fait passer pour toi....

Ce qui peut 'indiquer qu'il porte un masque, c'est qu'il fait beaucoup de fautes d'orthographes ! Tu dois donc bien apprendre l'orthographe pour avoir les armes contre les pirates !

Ils utilisent aussi une fausse adresse mail de l'entreprise…Ils copient…Attention, et toi tu copies ?Est ce que tu es un pirate de la classe ?

Avec les pirates, tout commence par un mail !

Mais ils ont d'autres crochets à leurs poignets ! et nous allons découvrir dans le prochain carnet un autre piège… ; Les rançonsgiciels !

Je retiens : tout n'est pas vrai sur internet. Il y a des droits, des devoirs et des dangers !

« Les rançongiciels ou la Panique ! »

Oui !

Panique à bord !

Tu allumes ton ordinateur et hop !

Un message apparaît !

« Vous disposez de 3 jours pour payer en line, faute de quoi, votre ordinateur est bloqué » Et là tu dois te défendre !

C'est une prise d'otage ! Comme dans les films!

Le pirate est face à toi, caché et demande une rançon contre ton ordinateur.
En clair, il veut prendre ton navire, lui mettre son drapeau, naviguer à ta place, tout ça pour un trésor !

Alors il existe une arme pour te défendre.

Le logiciel antivirus est une première arme, il arrête et empêche « les petits microbes » que l'on peut t'envoyer sur ton ordinateur pour qu'il perde la mémoire !

Mais il ne suffit pas.

En général, les rançongiciels, ça peut t'arriver quand tu es entrain de regarder un film avec tes parents sur Internet sur un site de streaming.

Ces logiciels s'appellent des rançongiciels ou des logiciels rançonneurs, ou encore des cryptlockers, des petits programmes très perfectionnés.

Ils utilisent un système de cryptage !

Et crypter, c'est cacher !

Ce qui signifie que les pirates ici, ont caché un petit texte codé, qui passe incognito, comme fantomas…tu connais pas Fantômas….demande à ta maman… ! Disons qu'il passe comme Zorro, sauf que Zorro il est gentil…donc il traverse tout, et rentre chez toi depuis ton ordinateur, au travers du filtre de ton antivirus et là, il ferme la porte de ton ordinateur, et là, c'est la panique…

La seule façon d'avoir accès à ton ordinateur c'est d'avoir la clé !

Cette clé s'appelle la clé de déchiffrement…
Et le pirate, lui, il a la clé !

Et il te dit « moi, je te donne la clé, si tu me donnes on trésor »

Et il ne faut jamais donner son trésor !

Il a pris en otage ton navire et arrivent même à prendre en otage ceux des policiers !

Et ils multiplient la rançon au bout de plusieurs jours !

Ce sont des pirates, des voleurs et des maîtres chanteurs de bateaux du web !

- attention, tu n'as pas le droit d'avoir un facebook avant l'âge de 13 ans)

- Ne réponds pas aux emails ou aux messages

- Désactives les comptes sur les réseaux sociaux comme Facebook qui peuvent être connectés.

- Redémarres ton ordinateur en pressant sur la touche F8 en mode sans échec et appuies sur la touche entrée

- Et si tu es encore bloqué dans le menu « options de démarrage », tu choisis « invite de commandes en modes sans échec » puis entrée et une fenêtre apparait et la tu appuies sur « rstui.exe puis sur entrée et tu suis les indications.

- Pour cela fais toi aider !

Ceci s'appelle « restaurer un système ».

Voilà pourquoi je te l'explique.

Tout se restaure !

Un ordinateur bloqué a besoin d'être restauré, il n'est pas cassé !

Et dans ce cas précis, on pourra détruire le programme qui a bloqué tout ton ordinateur grâce à un logiciel qui s'appelle Roguekiller que l'on sera obligé de télécharger sur une clé depuis un autre ordinateur .

Voilà pourquoi, tu ne peux pas répondre à des mails, avoir une adresse email, ou avoir un Facebook et naviguer sur certains sites web...Car ton navire peut être pris en otage !

<u>Je retiens</u> : Mon ordinateur peut être pris en otage par des pirates, grâce à des logiciels rançonneurs et comme capitaine de mon bateau, je ne dois pas avoir d'adresse mail ou aller sur certains sites, pour me protéger et protéger mon navire, mon ordinateur !

« Au cœur des sites, j'explore ! »

Quand j'arrive dans un endroit, j'explore cet endroit pour le connaître.

Il existe plusieurs styles de sites web, de lieux web, comme il existe plusieurs styles de livres.

Le site web statique

Je décide de me promener et d'aller faire du shopping avec a maman. Alors j'observe !

Et dans la rue, je remarque qu'il y a plusieurs types de magasins.

Il y en a où je ne peux pas rentrer et je ne peux que regarder la vitrine.

Il y en a d'autres où je peux rentrer discuter avec la vendeuse, et même acheter, et même payer tout de suite !

Et là où il y a le plus de monde, ce sont ceux où je peux discuter et donner mon avis !

T bien dans les rues du web, il existe des sites statiques et des sites dynamiques.

Les sites statiques sont ceux où je regarde sans pouvoir discuter, acheter.

On les appelle aussi les sites vitrines.

Et il existe les sites dynamiques ! Ce sont ceux où tu peux discuter, donner ton avis, ou acheter.

Ils ne parlent pas dans la même langue. Et oui, j'utilise des langues que peuvent comprendre les ordinateurs.

Le site statique utilise le html et le css. Ce sont les premières langues que l'on apprend, et c'est ce que tu vas apprendre avec moi.

Le html utilise des balises, c'est comme ça qu'apparaissent les mots sur ta page. Et le Css permet de décorer l'appartement, ton site, ton lieu à toi

! Il permet de dire avec quelle couleur, quelles lettres, quelle taille tu vas raconter ton histoire !

Et la page, pour se construire, est comme une maison, elle a besoin d'avoir une structure pour tenir debout !

Une page html pour un site statique est structurée comme ton corps :

Une tête, un corps, des pieds ! header, body, footer !!!

Et tu tiens debout !

Tu retiens, mets-toi debout! Le site est construit comme toi !

Le site dynamique, lui, utilise un autre langage, une autre langue, et même plusieurs. Mais nous en parlerons plus tard !

Cependant, comme tu es un petit malin, il y a un outil très pratique pour toi pour commencer à apprendre et à coder un site web dynamique dont je vais te parler dans le prochain livre. Et tu vas déjà commencer à réaliser ta première page web dynamique !

Je retiens : Au cœur du web, il y a plusieurs types de sites, et plusieurs langages. Le html et le css sont les langages du site « statique ». J'ai besoin de connaitre d'autres langages pour créer un site dynamique. Il existe un nombre important de langages.

Je me souviens ! »

Qu'est-ce que le Web ?

C'est comme un................

Quand a été inventée la première idée
qui permet aujourd'hui d'avoir le web ?

. . . .
. . . . . .

Qu'est-ce qu'un navigateur ?

C'est comme un . . . .

Dis-moi deux types de sites web que tu connais :

. . . .

. . . .

Quelle est la structure d'une page web pour qu'elle tienne debout ! dis le nom des trois parties ?

. . . .
. . . . .

Quel est le danger que je peux
rencontrer en voyageant sur le web ?

. . . .
. . . .

Quelles langues sont utilisées par un
site web simple ?

. . . .

. . . .

Est-ce que tout est vrai sur le web ?

. . . .

Comment s'appelle l'ensemble des règles du Web ?

. . . .

Comment appelle-t-on les principes du web ?

. . . .

Est-ce que tu as le droit d'avoir un compte Facebook ?

. . . .

. . . . .

Est-ce que tu peux copier ce qui est sur le web et t'en servir pour toi-même?

. . . .

Comment s'appelle le programme piégé
que les pirates utilisent pour prendre en
otage un ordinateur ?

. . . .

Qu'est-ce qu'un moteur de recherche ?

. . . .

Ecris le nom d'un moteur de recherche
que tu connais ?

. . . .
. . . .

C'est quoi un processeur central ?

. . . .
. . .

Est-ce que l'ordinateur réfléchit ?

. . . .
. . . ..

.